LEKTÜRESCHLÜSSEL
FÜR SCHÜLERINNEN UND SCHÜLER

Molière

Le Malade imaginaire

Von Reiner Poppe

Philipp Reclam jun. Stuttgart

Dieser Lektüreschlüssel bezieht sich auf folgende Textausgabe in der Originalsprache: Molière: *Le Malade imaginaire*. Hrsg. von Monika Schlitzer. Stuttgart: Reclam, 1987 [u. ö.]. (Universal-Bibliothek. 9217.)

RECLAMS UNIVERSAL-BIBLIOTHEK Nr. 15399

Gesamtherstellung: Reclam, Ditzingen
Printed in Germany 2008

ISBN 978-3-15-015399-4

www.reclam.de

Inhalt

1. Erstinformation zum Werk

Jean-Baptiste Poquelin (1622–1673), wie Molière eigentlich hieß, war einer der größten Theaterdichter aller Zeiten. Er wird in einem Atemzuge mit William Shakespeare (1564–1616) genannt. Die beiden Bühnendichter haben Gemeinsamkeiten, beide haben so gut wie keine persönlichen Dokumente hinterlassen, und beiden wird nachgesagt, dass andere den Hauptteil ihrer Werke geschrieben haben. Solange das Gegenteil jedoch nicht schlüssig bewiesen ist, soll gelten, was bis hier und heute als wahr gilt.

Künstler durch und durch

Molière lebte und starb für das Theater mit jeder Faser seines Künstlerherzens. Beinahe die erste Hälfte seines Lebens reiste er durch die Lande für das, was er war und sein wollte: Schauspieler und Bühnenschriftsteller. Er lernte viel als Mensch und Künstler in den zwölf Jahren seines Wanderdaseins in der Provinz (1645–1657). Fast die gesamte zweite Hälfte seines Lebens verbrachte er dann auf den Bühnen von Paris. Die Stadt machte ihn berühmt, und er trug zu ihrem wachsenden Ruhm bei. Die Sonne Ludwigs XIV. (regierend von 1654–1715) leuchtete viele Jahre über ihm. Molière sah das Frankreich des 17. Jahrhunderts blühen und wachsen, während die meisten anderen Länder Europas unter den Verwüstungen im Dreißigjährigen Krieg (1618–1648) litten. Er sah aber auch die Schattenseiten von Prunk und Macht in der Gesellschaft,

die erste Hälfte seines Lebens: **la première partie de sa vie**
Schattenseiten: **les revers (m.)**

Kritischer Blick auf die Gesellschaft

in der er lebte. In einem Zeitraum von etwa 25 Jahren schrieb er 40 Farcen und Komödien, nicht alle erfolgreich, jede aber ein Hieb auf die eitlen Pfauen, auf die unersättlichen Geizhälse und die selbstgefälligen Akademiker. Mit unersättlicher Lust, so schien es, stürzte er sich auf die vor Blasiertheit platzenden Apotheker und Ärzte. Man hasste ihn für seine bösen Attacken, die Bürgerlichen wie die Adeligen, zuletzt entzog ihm gar der König selbst die Gunst. Anders als Pierre Corneille (1606–1684) und Jean Racine (1639–1699), die »Begründer und Vollender der französischen Klassik«[1], schrieb Molière für das Volk, deftig und spitz, witzig und gewagt. Seine Stücke waren zugkräftig und er selbst, auf der Bühne, unnachahmlich.

Molière bei Hof

Im Königshaus hatte zunächst der Kardinal Richelieu (1585–1642) die Maßstäbe zur Förderung der Künste gesetzt. Ihm folgten Kardinal Mazarin (1602–1661) und Nicholas Fouquet (1615–1680). Sie holten viele Künstler an den Hof. Molière war einer der von ihnen Begünstigten.

Uraufführung

▌ *Le Malade imaginaire* war Molières letztes Stück, eine seiner großen Ballett-Komödien. Es wurde am 10. Februar 1673 im Palais Royal uraufgeführt, ein würdiger Abschluss eines umfang-

ein Hieb auf: **un coup de griffe à l'encontre de**
zugkräftig sein: **attirer les foules**
Maßstäbe setzen: **définir les normes**
ein würdiger Abschluss: **le chant du cygne**

reichen Schaffens, das ein Dutzend weltberühmter Werke hervorgebracht hat. Neben seinem letzten Stück sind es vor allem *Tartuffe* (1664/1669), *Le Misanthrope* (1666) und *L'Avare* (1668), die dem Theaterbesucher in den Sinn kommen, wenn Molière genannt wird. Mit seinen Ballett-Komödien war er besonders erfolgreich und bekannt geworden. Molière, selbst ein hervorragender Schauspieler, entwickelte diese Stücke in einer turbulenten Mischung aus dramatischer Handlung und getanzten Zwischenspielen zu seinem Erfolgskonzept.

Ballett-Komödien

Die Handlung der dreiaktigen Komödie mit ursprünglich zwei Prologen, zwei Zwischenspielen und einem Nachspiel[2] folgt dem schlichten Grundmuster Konflikt – Verwirrungen – heitere Auflösung: Argan, der eingebildete Kranke, lässt nichts unversucht, Doktoren um sich zu versammeln, die verhindern sollen, dass er noch kränker wird, als er sich einbildet zu sein, oder dass er gar stirbt. Um das zu erreichen, will er seine älteste Tochter Angélique mit einem angehenden Arzt verheiraten. Diese liebt jedoch einen anderen, und so wird ein Plan entwickelt, um dem liebenden Paar zu seinem Recht zu verhelfen. Initiatoren dieser Gegenbewegung sind das Dienstmädchen Toinette und Argans Bruder Béralde. Sie versuchen alles, um Argan von seiner Krankheitssucht und von seinem Ärztewahn zu befreien. Als kein Argument mehr hilft und keine List mehr greift, schlagen sie ihm vor, er solle sich tot stellen und aus den Reaktionen seiner Tochter und seiner Frau ablesen, wer ihn wirklich liebe. Sie setzen ihre Hoffnung darauf, dass Argan sich besinnt, wenn er die Wahrheit erkennt. Frau

Grundmuster

Béline entpuppt sich als eine falsche und verlogene Erbschleicherin. Als Argan die Liebe seiner Tochter erkennt, die seinen (gespielten) Tod ehrlich beweint, lenkt er ein. Sie darf den Mann ihrer Wahl heiraten. Der zukünftige Schwiegersohn müsse aber bereit sein, Arzt zu werden. Wenn man schon einen Arzt in der Familie brauche, so wird sogleich eingeworfen, dann solle Argan doch selbst einer werden, damit er sorgenfrei in die Zukunft sehen könne. In einem ausgelassenen Ritual wird der eingebildete Kranke zum Doktor der Medizin promoviert.

Medizin- und Ärztekritik

Dieser burleske Promotionsakt umschließt und beschließt alles, was Molière zum Thema Doktoren und Medizin zuvor kritisch auf die Bühne gestellt hatte. Und das war nicht wenig: *Le Médecin Volant* (1647), *L'Amour médecin* (1665), *Don Juan ou Le Festin de pierre* (1665), *Le Médecin malgré lui* (1666) oder *Monsieur de Pourceaugnac* (1669). Die Medizin- und Ärztekritik war keine ›Erfindung‹ Molières. Er hat sie aber auf ganz eigene Weise pointiert und zum Hauptgegenstand seiner Gesellschaftsattacken gemacht. Dafür mag es vier Gründe geben:[3] Der Arzt als eine wiederkehrende lächerliche Figur in der Geschichte der Komödie; Molières persönliche Erfahrungen mit Ärzten aufgrund seiner eigenen Krankheit(en); seine kritische Sicht auf die medizinische Wissenschaft und die Hörigkeit der Zeitgenossen; schließlich seine Sympathie für das Gedankengut Michel de Montaignes (1533–1592) und anderer Freidenker.

sich als etw. entpuppen: **s'avérer être qn/qc**
den Mann ihrer Wahl: **l'homme de son choix**

Lachen über den Tod

In Molières *Le Malade imaginaire* kommt ein weiteres Moment zum Tragen, das Lachen über den Tod, dem der Komödiant schon so nahe war. »Der Legende zufolge soll Molière im Kostüm des Argan gestorben sein – eine tragische Pointe als Schlußpunkt des Lebens eines großen Komödiendichters, die in ihrer mehrfach gebrochenen Ironie und Tiefgründigkeit Molière so entspricht, daß sie wohl niemand entkräften will.«[4]

Lachen über den Tod: **la raillerie sur la mort**

2. Inhalt

Erster Aufzug

[1] Argan sitzt über den Rechnungen seines Apothekers, die er Posten für Posten durchgeht, kommentiert und nachrechnet. Er stellt fest, dass er acht Verschreibungen und ein Dutzend Einläufe hatte, weit weniger als im Monat zuvor. Deshalb, so folgert er, gehe es ihm auch schlechter. Argan klingelt ungeduldig nach dem Hausmädchen, Toinette. Er gerät in Zorn darüber, dass man ihn, den bedauernswerten kranken Mann, einfach so lange allein lässt. Sein Rufen wird dringlicher, und seine Verwünschungen, mit denen er das Hausmädchen tituliert, sind drastisch. Er ist davon überzeugt, dass man ihn allein sterben lassen wolle (9,7–8).

Ein egozentrischer Patient

[2] Toinette wird massiv beschimpft. Sie zeigt sich wenig beeindruckt, im Gegenteil. Als Argan sich ausgetobt hat, macht sie sich über ihn und seine »Krankheiten« und die Medizin lustig. Die Einzigen, die etwas davon hätten, seien der Arzt und der Apotheker (11,10–13). Davon will Argan nichts hören. Er verlangt nach seiner Tochter, Angélique.

Ein gewitztes Hausmädchen

[3] Angélique erscheint sogleich, Argan verlässt das Zimmer, begleitet von einem spöttischen Kommentar Toinettes.

bedauernswert: **digne de pitié**
sich austoben: **hier: finir de vociférer**

[4] Die Abwesenheit ihres Vaters nutzt Angélique, um mit Toinette über ihren jungen Liebhaber Cléante zu reden, den sie ein paar Tage zuvor im Theater kennengelernt hat. Das Hausmädchen stimmt allen euphorischen Bemerkungen der verliebten Angélique zu. Sehr zurückhaltend allerdings beantwortet sie deren bange Frage, ob es dem jungen Mann auch ernst sei mit seinen Liebesbeteuerungen (15,4–10). Das Gespräch wird durch Argan unterbrochen, der zurückkommt.

Cléante und Angélique

[5] Argan überrascht seine Tochter mit der Mitteilung, dass jemand um ihre Hand angehalten habe. Er habe sich gegen ihre Stiefmutter durchgesetzt, die Angélique und deren jüngere Schwester Louison gern ins Kloster gesteckt hätte (wodurch die Töchter keine Erbschaftsansprüche mehr gehabt hätten). Angélique ist überrascht und glücklich. Leider, so stellt sich rasch heraus, spricht der Vater von einem anderen Freier als von Cléante, an den sie denkt. Argan ist entschlossen, sie mit Thomas Diafoirus zu verheiraten, dem Sohn eines bekannten Pariser Arztes, der selber bald ein Doktor sein wird. Die entsprechenden Vereinbarungen zwischen den Vätern sind bereits getroffen. Angélique fällt aus allen Wolken. Toinette mischt sich in das Gespräch ein und will wissen, warum es ausgerechnet der Sohn des Arztes sein müsse. Das läge auf der Hand, gibt ihr Argan zu verstehen, denn dann habe er einen Arzt in der Familie, der sich

Heiratspläne

Argans egoistische Entscheidung

um jds. Hand anhalten: **demander qn en mariage (m.)**
aus allen Wolken fallen: **tomber des nues (f.)**

um ihn kümmern würde, wann immer er ihn brauche. Außerdem seien da noch der Vater Diafoirus und der Apotheker zur Unterstützung. Toinette sagt ihm jedoch, dass Angélique dieser Heirat niemals zustimmen werde (20,20–21). Nun droht Argan seinerseits, seine Tochter ins Kloster zu schicken, wenn sie sich weigere. Toinette widerspricht Argan kühl und sagt rundheraus, dass Angélique das Recht habe, sich ihren Mann fürs Leben selbst zu wählen. Argan gerät außer sich vor Zorn und setzt dem Hausmädchen nach, um es zu verprügeln (23,19–20). Schließlich gibt er ermattet auf, überzeugt davon, dass man ihn sterben lassen wolle (24,20–22).

Die Ehefrau verstellt sich

[6] Der Streit hat Argans zweite Frau, Béline, auf den Plan gerufen. Sie umschmeichelt ihren Mann sogleich und kann ihn beruhigen. Argan ist gerührt über ihre Fürsorge und Umsicht, so dass er sein Testament noch einmal zu ihren Gunsten ändern will. Béline, der es um nichts anderes als das Erbe geht, hat vorsorglich den Notar, den zu kontaktieren Argan sie gebeten hatte, gleich mitgebracht.

[7] Der Notar Bonnefoy hat mit Argan leichtes Spiel. Er macht großen Eindruck auf ihn, indem er seine »Trickkiste« auspackt und darlegt, wie die Kinder aus der Erbschaft geschickt ausgeklammert werden können (31,1–13). Béline spielt die Besorgte und täuscht zärtlichste Gefühle für ihren Mann vor. Alle drei gehen ins Nebenzimmer, um das Testament zu Bélines Gunsten aufzusetzen.

außer sich vor Zorn: **fou de colère**
leichtes Spiel mit jdm. haben: **avoir beau jeu avec qn**

[8] Unterdessen warnt Toinette Angélique vor ihrer Stiefmutter, die nur an ihren eigenen Vorteil denke und gewiss etwas gegen sie plane. Angélique ist das einerlei, solange niemand ihrem Glück mit Cléante im Wege steht. Sie bittet Toinette, sich etwas einfallen zu lassen, um ihn über die Absichten ihres Vaters zu verständigen. Das Dienstmädchen will ihren Verehrer Polichinelle damit beauftragen (34,10–15).

Zweiter Aufzug

[1] Cléante erscheint unangekündigt, um Angélique zu sehen. Toinette teilt ihm mit, dass er sie nicht sprechen könne. Man müsse sich eine List ausdenken, um das Misstrauen des Vaters nicht zu wecken. Cléante will sich als Vertreter von Angéliques Musiklehrer ausgeben. Toinette geht sogleich darauf ein.

Rollenspiel

[2] Argan, dem Cléante unter diesem Vorwand vorgestellt wird, findet nichts dabei, dass der »Ersatzlehrer« den Unterricht während der Abwesenheit des richtigen Lehrers mit seiner Tochter fortsetzt (37,19–24). Er lässt sie sogleich rufen, obwohl Toinette und Cléante alles versuchen, ihn davon abzubringen.

[3] Angélique erschrickt und verrät sich beinahe, als sie unverhofft Cléante gegenübersteht. Argan entgeht das nicht, und er fragt seine Tochter nach dem Grund ihres so plötzlichen Erschreckens. Mit einer Ausrede zieht sich Angélique

sich eine List ausdenken: **inventer une ruse**
Ausrede: **l'excuse (f.)**

aus der Affäre. Sie habe geträumt, ein Mann wie Cléante habe sie aus einer Notlage befreit, und nun sei sie überrascht, den zu sehen, der sie die ganze Nacht im Traum beschäftigt habe. Ebenso doppelsinnig wie ihre Ausrede ist Cléantes Antwort, die er an Angélique richtet (39,7–11).

[4] Toinette meldet den Besuch des Arztes Diafoirus und seines Sohnes Thomas. Das Dienstmädchen macht schmeichelhafte Bemerkungen über den Charme und das Wissen des jungen Mannes, deren Ironie Argan nicht wahrnimmt (39,17–21). Cléante, im Begriff zu gehen, wird aufgefordert zu bleiben.

Unbeholfener Schwiegersohn in spe

[5] Der steifen Begrüßung, bei der Thomas Diafoirus sich als äußerst unbeholfen erweist, folgt seine wohl präparierte Ansprache an die Adresse Argans. In gedrechselten Worten dankt er seinem Schwiegervater in spe, dass er ihn für seine Tochter ausgewählt hat. In Sorge, etwas falsch zu machen, versichert er sich durch Rückfragen wiederholt bei seinem Vater. Artig begrüßt er sodann Angélique mit übertriebenen Huldigungen (43,23 ff.). Toinette und Cléante machen sich über den jungen Mann lustig. Eifrig bemüht, seine Gäste zufriedenzustellen, lässt Argan nun Stühle herbeischaffen, um das Gespräch nach dem überstandenen Begrüßungszeremoniell in bequemerer Haltung fortzusetzen. – Diafoirus breitet sich über den Charakter und das Wesen seines Sohnes aus (45,11 ff.). Thomas Diafoirus sei als Kind zwar nie herausragend intelligent oder eine Führernatur gewesen; auch war er ein rechter Langeweiler, aber

schmeichelhafte Bemerkung: **la remarque flatteuse**

er hatte Durchhaltevermögen und eine gesunde Urteilsfähigkeit bewiesen. Insbesondere schätze er an ihm seine konservativen Ansichten zur Medizin, die ganz auf der Linie mit seinen eigenen Auffassungen lägen. Stolz überreicht Thomas Diafoirus sodann Angélique eine von ihm verfasste medizinische Streitschrift und lädt sie zur Sektion einer Frau ein, zu der er selbst einen Vortrag halten werde. Beides wird von Toinette bissig kommentiert, ohne dass der ironisch-boshafte Unterton dem Betroffenen auffällt.

Der Arzt scheut sich auch nicht, lobend die Männlichkeit seines Sohnes zu erwähnen, die es erlaube, gesunde und kräftige Nachkommen zu zeugen (48,13–19). Argan möchte wissen, wo Thomas Diafoirus als Arzt praktizieren werde. Diafoirus belehrt ihn, dass sein Sohn sich für den Dienst an den einfachen Leuten entschieden habe, die zwar weniger zahlten, dafür aber auch keine Ansprüche an die Wiederherstellung der Gesundheit durch die Ärzte stellten. Toinette ist empört über diese Aussage (49,11–15).

Improvisiertes Schäferspiel

Argan möchte, dass Angélique etwas vorsingt. Cléante bietet dazu seine Unterstützung an. Er wolle mit ihr zusammen aus einer jüngst komponierten Oper ein Schäferduett singen. In Wirklichkeit handelt es sich lediglich um Notenblätter, zu denen beide einen Text improvisieren. Cléante in der Rolle des Schäfers singt von seiner Liebe zu ihr; Angélique in der Rolle der Schäferin singt von ihrer Liebe zu ihm, und wie sehr sie den Mann verachte, den sie zu heiraten gezwungen werden soll. Nach einer Weile unterbricht Argan sie. Er findet das Duett anstößig und verabschiedet Cléante (56,7–9).

ganz auf der Linie mit etw. sein: **être conforme à qc**

[6] Argan stellt seiner Frau den jungen Mann vor, mit dem er Angélique verheiraten möchte. Er möchte die Sache sofort erledigt haben und fordert seine Tochter auf, Thomas Diafoirus die Treue zu versprechen. Angélique weicht aus, indem sie mehr Zeit erbittet, um einander erst besser kennenzulernen. Thomas Diafoirus geht großsprecherisch und wenig taktvoll darüber hinweg (58,5–7). Alle weiteren Argumente der jungen Frau für mehr Eigenständigkeit in Entscheidungen, die ihr Leben betreffen, werden sowohl von Béline als auch von Argan abgeblockt. Angélique will diese Art des Gesprächs nicht mehr fortsetzen und macht Anstalten, den Raum zu verlassen. Ihr Vater gibt ihr vier Tage Zeit zum Überlegen; sollte sie danach der Ehe mit dem jungen Diafoirus nicht zustimmen, werde er sie in ein Kloster schicken (61,20–23). Auch Béline entzieht sich dem Gespräch. Sie will ein paar Dinge in der Stadt erledigen.

Widerstand

Argan ist mit den beiden Diafoirus allein. Er lässt sich untersuchen. Sowohl der Arzt als auch sein Sohn erweisen sich dabei als höchst unwissend. Argan fühlt sich jedoch in seiner Rolle als ein schwer kranker Mann bestätigt.

[7] Béline kommt noch einmal zurück. Sie sagt Argan, dass sie Angélique mit einem jungen Mann gesehen habe, der rasch davon gelaufen sei, als er sie sah. Auch Louison habe das beobachtet. Argan wundert sich nun nicht mehr über Angéliques Reaktion.

[8] Er ruft Louison, die ihm nach einigem handgreiflichen Hin und Her erzählt, dass jener Mann der Ersatzmusikleh-

mehr Eigenständigkeit: **plus d'indépendance (f.)**

rer Angéliques ist, der ihr wieder und wieder seine Liebe gestanden habe. Argan gibt sich brummelnd zufrieden. Weitaus mehr beschäftigen ihn seine Krankheiten, denen er sich nun wieder zuwendet (68,16–18).

[9] Argans Bruder Béralde kommt, um ihn aufzumuntern. Er unterbreitet ihm, dass er für Angélique eine gute Partie in Aussicht habe. Allein beim Hören ihres Namens gerät Argan in Zorn, den Béralde sogleich zu zerstreuen weiß. Er hat eine Schauspieltruppe mitgebracht, die (in der Pause zwischen zweitem und drittem Akt) tanzen und singen wird.

Dritter Aufzug

[1] Nachdem beide das musikalische und tänzerische Intermezzo genossen haben, verlässt Argan das Zimmer. Toinette ermahnt ihn ironisch-fürsorglich, seinen Stock nicht zu vergessen.

[2] Béralde verspricht Toinette, alles zu tun, um Angélique zu helfen und die Hochzeit mit Thomas Diafoirus zu verhindern. Das Hausmädchen selbst hat dafür bereits einen Plan, den sie Béralde aber noch nicht verrät (71,6–8).

Béraldes Intervention

[3] Argan kehrt zurück und wird von seinem Bruder sogleich mit zwei Fragen konfrontiert. Die erste betrifft seine Absicht, Angélique ins Kloster zu stecken (72,2–5), die zweite den Grund für seinen Plan, Angélique mit Thomas Diafoirus zu verheiraten (72,21–22). Argan beantwortet die erste Frage mit einer selbstsicher klingenden, in ihrer Substanz jedoch sehr schwachen Gegenfrage: »D'où vient, mon

Diskussion zwischen den Brüdern

frère, que je suis maître dans ma famille pour faire ce que bon me semble?« (72,6–7). Béralde bleibt hartnäckig und erklärt seinem Bruder rundheraus, dass es Béline sei, die hinter allem stecke. Argan weist den Vorwurf zurück. Béralde geht mit einer sarkastischen Bemerkung zur nächsten Frage über, auf die Argan mit naiver Offenheit antwortet: Er brauche einen guten Arzt, und was für ihn in Ordnung sei, sei auch gut genug für seine Tochter. Béralde erklärt ihm, dass er ihn für einen gesunden Mann halte (73,16–19) und dass sein bedingungsloser Glaube an die Kunst der Ärzte und Apotheker ihm selbst und allen anderen mehr schade als nütze. Nach seiner Ansicht sind Ärzte nicht in der Lage zu helfen, weil sie vom menschlichen Körper keine Ahnung haben. Sie kennen wohl alle lateinischen und griechischen Ausdrücke, die sie in Wirklichkeit aber gar nicht verstehen (75,3–7). Als lebendes Beispiel nennt Béralde den Hausarzt Argans, Purgon, der nichts in seinem Fach in Frage stelle. Doch alle Bemühungen Béraldes, seinen Bruder von seinem bedingungslosen Glauben an die Medizin abzubringen, fruchten nichts. Argan möchte das Thema wechseln, und Béralde geht gern auf seinen Wunsch ein. Eindringlich mahnt er seinen Bruder, sich ein wenig mehr Gedanken über Angélique und ihre Wünsche zu machen, statt ihr plump mit dem Kloster zu drohen (80,15–23).

[4] Der Apotheker Fleurant kommt mit einem Klistier. Béralde rät Argan, darauf zu verzichten. Fleurant ist empört,

bedingungsloser Glaube an etw./jdn.: **la confiance absolue envers qc/qn**
alle Bemühungen: **tous les efforts**

und Argan weiß nicht, was er machen soll. Er ist erleichtert, als sein Arzt Purgon gemeldet wird.

[5] Purgon macht Argan sogleich Vorhaltungen. Er wertet die Weigerung, seinen Anweisungen Folge zu leisten, als einen »Anschlag auf die Medizin« (»Un attentat énorme contre le médicine«; 83,14–15) und droht, die Behandlung komplett abzubrechen. Indem er Argan mit allen möglichen Krankheiten schreckt, die ihn befallen würden, am Ende gar der Tod, verlässt er das Zimmer.

Der Arzt wendet sich beleidigt ab

[6] Argan wähnt sich verloren. Einmal mehr macht Béralde ihm klar, dass er sich endlich aus der Abhängigkeit des Arztes befreien müsse.

[7] Toinette kündigt den Besuch eines fremden Arztes an, der ihr selbst gleiche wie ein Ei dem anderen (87,17–21). Argan, immer noch voller Angst, er müsse sterben, lässt ihn hereinbitten.

[8] Toinette, als Arzt verkleidet, stellt sich knapp vor und verlässt dann unter einem Vorwand erneut das Zimmer. Argan ist erstaunt, wie sehr der Arzt seinem Hausmädchen gleicht, auch ein wenig misstrauisch. Béralde weiß ihn zu beschwichtigen (88,18–21).

Toinettes Verkleidungsstückchen

[9] Toinette, nun wieder als Hausmädchen, taucht kurz wieder auf. Argans Verwirrung über die Ähnlichkeit ist voll-

unter einem Vorwand: **sous un prétexte quelconque**

kommen, aber er ist nun überzeugt, dass es sich um zwei verschiedene Personen handelt.

[10] Der »Arzt« kommt nun wieder zurück und gibt vor, ein weltberühmter reisender Mediziner zu sein, der sich freue, einen so berühmten Kranken wie Argan behandeln zu können. Er nimmt den Puls Argans, verwirft alle vorausgegangenen Diagnosen der Ärzte, die er als Ignoranten einstuft, und sagt Argan, dass es sich bei ihm wohl um eine Lungenerkrankung handele (92,1–2).

Ebenso wischt er alle Diätvorschriften vom Tisch, denen Argan bisher gefolgt ist, und rät ihm stattdessen, gut zu essen und zu trinken (93,14–21). Dann empfiehlt er sich, weil er an einer wichtigen Konferenz teilnehmen müsse, nicht ohne Argan versichert zu haben, dass sich ein anderer Spezialist um ihn kümmern werde, bis er selbst wieder in der Stadt weile.

Toinettes zweite List

[11] Toinette kehrt wieder als Hausmädchen zurück. Béralde bringt die Sprache erneut auf Angélique, der Argan überlassen müsse, wen sie heiraten wolle. Für Argan ist es beschlossene Sache, sie ins Kloster zu stecken. Nun greifen Béralde und Toinette zur verabredeten Finte, mit der Argan überzeugt werden soll, dass Béline ihn lediglich ausnutzt: Argan soll sich totstellen und dabei hören, wie Bé-line reagiert, wenn sie ihn so vorfindet. Geschickt überzeugt Toinette Argan, dass der Trick helfen werde, ein für alle Mal zu beweisen, wie sehr Béline ihn, Argan, liebe (94,4–7).

alle vorausgegangenen Diagnosen verwerfen: **rejeter tous les précédents diagnostiques**
ein für alle Mal: **une fois pour toutes**

[12] Was Toinette und Béralde erwartet haben, tritt ein: Béline zeigt sich mitleidlos und hocherfreut darüber, dass Argan »tot« ist. Zynisch lässt sie sich über ihn aus (98,20 ff.), um sodann Toinette zur Komplizin zu machen, die ihr helfen soll, wichtige Dokumente und Geld beiseite zu schaffen. Als Béline erkennt, dass sie einem Trick aufgesessen ist, der ihre Heucheleien und ihre Gier entlarvt hat, verlässt sie rasch das Zimmer. Toinette schlägt vor, dasselbe Experiment mit Angélique zu wiederholen.

Bélines wahres Wesen

[13] Angélique ist untröstlich, ihren Vater »tot« zu sehen. Ihre Trauer ist echt und umso größer, als sie sich vorwirft, zuletzt im Zorn von ihm gegangen zu sein (100,20–26).

[14] Auch Cléante kann Angélique nicht trösten. Sie eröffnet ihm gar, dass sie nun den letzten Wunsch ihres Vaters erfüllen und freiwillig ins Kloster gehen werde. Argan, gerührt über die Liebe und Treue seiner ältesten Tochter, beendet das Spiel und schließt die Überraschte in die Arme. Er hat nichts dagegen einzuwenden, dass sie Cléante heiratet – unter der Voraussetzung, dass er Arzt wird (102,15–16). Béralde hat eine bessere Idee: Argan selber solle Arzt werden. Bei all seinem Wissen über Krankheiten sei das eine einfache Angelegenheit. Noch heute Abend werde er in einem Spiel mit Musik und Tanz den Doktorhut erhalten. Alle gehen spontan auf den Vorschlag ein.

Überrumpelung Argans

gerührt über die Liebe und Treue: **touché par l'amour sincère et la fidélité**

3. Personen

Zusammen mit den Personen, die im Prolog, den Zwischenspielen und im Nachspiel auftreten, bringt Molière in *Le Malade imaginaire* eine beträchtliche Figurenmenge auf die Bühne. Wir beschränken uns in diesem Kapitel auf die Betrachtung der handelnden Personen im Geschehen der Komödie selbst.

Insgesamt erscheinen zwölf Personen in den 31 Szenen der Komödie, vier weibliche und acht männliche. Die männliche Hauptfigur und die Zentralfigur der Komödie ist Argan, der in 27 Szenen auftritt, die weibliche ist Toinette mit 22 Auftritten. Um Argan herum gruppieren sich alle übrigen Personen mit recht unterschiedlichen Motiven, was ihre Beziehung zu ihm betrifft. Sie wiederum bilden kleine Interessenverbände, meistens Zweiergruppen: Béline – Bonnefoy, Vater – Sohn Diafoirus, Fleurant – Purgon, Angélique – Cléante, Toinette – Angélique, Béralde – Toinette/Cléante. Dieses überschaubare Beziehungsgefüge lässt sich grob in zwei Lager einteilen: in Personen, die alles tun, um Argan von seinem Krankheitswahn zu befreien (Angélique, Béralde, Toinette und Cléante), und jene, die nur an seinem Geld interessiert sind und ihn fallen lassen, als er sich ihnen entzieht (Béline, Purgon, die beiden Diafoirus, Bonnefoy und Fleurant).

Zwei Lager

beträchtliche Figurenmenge: **un nombre considérable de caractères**
unterschiedliche Motive: **des motivations différentes**
jdn. fallen lassen: **laisser tomber qn**

Der farbigste Charakter dieser Komödie ist **Argan**, neben Harpagon aus *L'Avare* eine der einprägsamsten männlichen Bühnengestalten Molières überhaupt. Er hat 27 Auftritte. Nicht nur wegen dieser beinahe ständigen Anwesenheit ist er der Mittelpunkt des Geschehens. Weit mehr ist er es durch seine komplexe Persönlichkeit. Er scheint, geht man von seinen ersten beiden Auftritten aus (I,1; I,2), nicht mehr als ein missmutiger, rabiater Polterer zu sein. Doch im weiteren Verlauf sehen wir noch andere Charakter- und Wesenszüge an ihm, seine berechnende Unterwürfigkeit (45,6–10), seine Bauernschläue (55,20), seine stets auf den Punkt kommende Zielstrebigkeit (73,1–2) und seinen starrköpfigen Egoismus (96,7–8), aber auch gewinnende: seinen Witz und Humor, seine Nachgiebigkeit und seine im Grunde gute Natur. Zusammen mit diesen Zügen machen ihn sein blindes Vertrauen in die falschen Leute (29,3–7), seine weinerliche Sentimentalitiät (68,14–18) und vor allem seine kindliche Todesfurcht (9,1–8) zu einer tragisch-komischen Figur mit Tiefgang.

Komplexe Persönlichkeit

Es sieht aus, als habe Argan die Kontrolle über die Menschen, die um ihn herum sind, und die Macht, sie nach seiner Pfeife tanzen zu lassen. In Wirklichkeit wird er aber von ihnen kontrolliert, sogar von der kleinen Louison, die sich erfolgreich tot stellt, um seinen Züchtigungen zu entgehen. Schlimmer noch: Er hat nicht einmal die Kontrolle über sich selbst, weil er sich trotz bester Gesundheit seinen vermeintlichen Krankheiten ausliefert und nur für ihre Bestätigung lebt. Ab III, 2 (86,3–4) schlägt die Situation um. Argan wird zum Opfer seines hypochondrischen Wahns.

komplexe Persönlichkeit: **la personnalité complexe**

Weibliche Hauptfigur: Toinette

Einen starken Charakter bringt Molière auch mit **Toinette** auf die Bühne. Sie ist neben Argan die beherrschende Figur der Komödie. In allen 22 Szenen, in denen wir sie auf der Bühne erleben, ist sie die aktiv lenkende und leitende Strategin, von rascher Auffassungsgabe und Entschlusskraft. Sie nimmt kein Blatt vor den Mund und hat, lebenserfahren wie sie ist, auf alles eine Antwort. Obwohl nur ein Dienstmädchen, ist sie allen Personen im Hause überlegen, einschließlich Argan: »Quand un maître ne songe pas à ce qu'il fait, une servante bien sensée est en droit de le redresser« (23,17–18). Sie leitet die Wende des Geschehens ein und führt sie auch zu Ende (II,2–III,10; III,11). Molières ausgeprochene Sympathie für die Vertreter der unteren Gesellschaftsschichten hätte nicht besser zum Ausdruck kommen können als in einer solchen Figur.[5]

Angélique, die »Engelsgleiche«, ist eine der lieblichsten Frauengestalten Molières. Sie beweist Eigenständigkeit, hat einen starken Willen und ist absolut ehrlich. In ihrer Liebe zu Cléante ist sie fest. Toinette ist für sie die Person, die ihre Stiefmutter ihr eigentlich sein sollte: eine vertraute Freundin und gute Ratgeberin. Bei ihr findet sie Halt und erweist sich in den elf Szenen, in denen sie in Erscheinung tritt, als eine reizvolle, zunehmend selbstbewusste und charaktervolle junge Frau. Noch arglos und unbefangen in ihrem ersten Auftritt mit Toinette (I,4), weist

rasche Auffassungsgabe: **l'esprit (m.) vif**
Entschlusskraft: **la détermination**
selbstbewusst: **sûre d'elle-même**
charaktervoll: **ferme de caractère**

sie wenig später ruhig und sehr überlegen den jungen Diafoirus wie auch ihren Vater und ihre Stiefmutter in ihre Schranken (II,6). Auch in ihrem letzten Auftritt (III,14) bleibt sie sich selbst treu. Trotz der schwierigen Lage, in die ihr Vater sie gebracht hat, ist sie ihm liebevoll zugewandt und lässt keinen Zweifel daran, was er ihr bedeutet.

Treue und ehrliche Natur

Angéliques jüngere Schwester, die kleine **Louison**, hat nur einen Auftritt (II,8). In dieser ›Verhörszene‹ wird sie von ihrem Vater harsch zur Rede gestellt. So jung sie ist, so weiß sie doch mit ihm umzugehen. Sie umschmeichelt ihn (64,15) und spielt ganz das brave Töchterlein. Als er sie zu schlagen droht, erzwingt sie sein Mitleid, indem sie sich tot stellt. Mit diesem Trick kann sie ihn vorübergehend zur Besinnung bringen. Sie ist ihm dann aber doch ausgeliefert und verrät ihre Schwester (67,7). Louison, die zwischen allen Stühlen sitzt, sucht sich aus der Affäre zu ziehen, ohne von der einen oder anderen Seite Nachteile zu erfahren. Sie ist ein waches, neugieriges Kind, das wenig elterliche Liebe erfährt und in der Welt der Großen ein wenig verloren wirkt. Sie hat dafür die Sympathien der Zuschauer.

Falsch, intrigant und berechnend: Argans zweite Ehefrau **Béline** kann sich des Unmuts, am Ende der Schadenfreude des Publikums in den fünf Szenen, in denen sie auf der Bühne erscheint (I,6; I,7; II,6; II,7; III,12), sicher sein. Hat sie bei ihrem ersten Auftritt vorübergehend die Lacher noch

Kaltherzigkeit und Falschheit

wach: **à l'esprit (m.) pétillant**
neugierig: **avide de savoir**

auf ihrer Seite, so verliert sie durch ihre nur gespielte Liebenswürdigkeit und durch ihre kühle und raffinierte Vorteilssuche rasch allen Kredit. Ihr Abgang vollzieht sich wortlos (99,20). Da sie ihr Ziel nicht erreicht hat und nun überführt ist, kann sie sich nur rasch und so unauffällig wie möglich zurückziehen.

Ziele des Spotts

Es fällt sogleich auf, dass die Vertreter der Gesellschaftsschicht, über die Molière seinen Spott ausschüttet, in nur wenigen Szenen auf der Bühne anwesend sind. Sowohl der Apotheker **Fleurant** als auch der Arzt **Purgon** treten jeweils in nur einer Szene auf (III,4 bzw. III,5). Dennoch sind sie ständig präsent in Argans und damit in unserem Bewusstsein. Beide werden von ihm in das Geschehen eingeführt (I,1), noch ehe sie wirklich in Erscheinung treten. Der Arzt und der Apotheker haben bisher offenbar leichtes Spiel mit Argan gehabt. Purgon besitzt die Machtmittel, mit denen er Argan kontrolliert. Der andere dauerhafte Alptraum Argans ist Fleurant, der sich gewissenlos an dem sich sterbenskrank Wähnenden bereichert.

Ebenfalls nur einen Auftritt hat der Notar **Bonnefoy**, der seinem Namen keine Ehre macht (I,7). Er nutzt Argans Arglosigkeit schamlos aus.

Diesen mit wenig Sympathie gezeichneten Figuren sind in **Vater und Sohn Diafoirus** zwei ebenso aufgeblasene wie beschränkte Vertreter ihrer Zunft an die Seite gestellt, die außer von Argan von niemandem ernst genommen werden.

allen Kredit verlieren: **perdre toute sa crédibilité**
aufgeblasen: **arrogant(e)**
beschränkt: **borné(e)**

Sie treten in nur zwei heiter-komischen Szenen auf (II,5; II,6). Das Brautwerbegeschenk, das Thomas Diafoirus dabei in seiner hölzernen unbeholfenen Art abliefert (47,13–18), ist eine ebenso peinliche Verfehlung wie seine an Angélique gerichtete Einladung, an einer Leichenöffnung teilzunehmen (48,6–9).

Von diesen Personen, die aus Argans Krankheitsbesessenheit ihre Vorteile zu ziehen suchen, setzen sich Cléante und Béralde deutlich ab. Der junge Mann, der Angélique zu seiner Frau machen möchte, und Argans Bruder bilden mit Toinette ein bewegliches, in allen Belangen jedoch sehr festes Bündnis, um Argan von seinem Wahn zu befreien. **Cléante** ist ein bescheidener, gut erzogener junger Mann, wie ihn sich jedes Elternpaar, das eine Tochter im heiratsfähigen Alter hat, als Schwiegersohn nur wünschen könnte. Angélique, in ihn verliebt bis über beide Ohren, macht uns noch vor seinem ersten Auftritt mit ihm bekannt (I,4). Der junge Mann ist ebenso verliebt in sie und ist sogar bereit, Arzt zu werden, wenn er dadurch Argans Zustimmung zur Ehe bekommen könnte. Cléante hat sechs Auftritte (II,1; II,2; II,3; II,4: II,5; III,14), den längsten und sprechendsten in II,5. Sein höfliches und zurückhaltendes Wesen hat seine Entsprechung in seiner gefühlvollen, feinen Sprache. Das Duett mit Angélique, in dem sich ihre tiefe innere Verbundenheit offenbart (56,9 ff.), mag ein wenig überzogen sein für unser Empfinden. Es ist jedoch als das poetisch-sinnliche Gegengewicht zu Thomas Diafoirus' akademisch-gedrechselter Redeweise zu sehen, aus der keine Wärme und kein Gefühl sprechen. Manchem Zuschauer von heute mag er trotz seiner sympathischen Rolle als der jugendlich-romantische Held ein

Bewegliches Trio

wenig blass vorkommen. Es geht keine entscheidende Initiative von ihm aus; er spielt lediglich mit. Noch fehlen ihm Lebenserfahrung und Überlegenheit, um mit Argans cholerisch-kranker Natur gelassen umzugehen. Zweifellos verhält er sich ihm gegenüber jedoch sehr geschickt (37,3–4).

Wenig Initiative

Zupackend, besonnen handelnd, geradlinig, gebildet und von besten Manieren ist Argans Bruder **Béralde**, neben Toinette die wichtigste Figur in der Gruppe der Gegenkräfte um Argan. Allein die Zahl seiner Auftritte – es sind fünfzehn – und die Situationen, in denen er ›in Szene gesetzt wird‹, weisen ihm eine Schlüsselrolle zu. Erstmals sehen wir ihn am Schluss des zweiten Aktes (II,9), sodann ohne Unterbrechung in allen Szenen des dritten Aktes. Anfangs gibt er sich jovial und vermittelnd gegenüber seinem Bruder. Eine leichte Ironie, die ihn als einen überlegenen Geist ausweist, ist nicht zu überhören (69,1; 15–19). In seinen weiteren Auftritten zeigt er sich maßvoll und beherrscht, beweglich und einfühlsam. Was er seinem Bruder über dessen Gesundheit zu sagen hat, lässt jedoch nichts an Deutlichkeit zu wünschen übrig (73,16–24). Auch seine markanten Äußerungen zur Medizin zeugen von einem gesunden Skeptizismus, von dem er Argan gern etwas abgäbe (78,18–24). Was Cléante aufgrund seiner Jugend noch nicht sein kann, stellt Béralde dar – den sachlich-kritischen und

Überlegener Geist

keine entscheidende Initivative: **pas de véritable initiative**
maßvoll: **modéré(e)**
beherrscht: **maître de lui-même**
beweglich: **capable de s'adapter**
einfühlsam: **sensible**

umsichtig-besonnenen Gegenpart zu Argan, den er schließlich ausmanövriert und ›unschädlich‹ macht (102,22–24). Béralde vereint alle Qualitäten der bürgerlichen *honnêteté*, und wir dürfen in ihm Molières Idealbild des Mannes sehen, in dem sich Gesinnungsadel, Bildung, Vernunft und Humor auf das Schönste miteinander verbinden.

4. Werkstruktur

Den Kern der Komödie bilden drei Akte mit 8, 9 und 14 Auftritten. Damit unterscheidet sie sich formal deutlich von den anderen häufig gespielten Bühnenstücken Molières, von *Tartuffe*, *Le Misanthrope* und *L'Avare*, die alle 5 Akte aufweisen. Die drei Akte von *Le Malade imaginaire* werden durch zwei Prologe, zwei Zwischenspiele und ein Nachspiel[2] ergänzt. Alle Teile der Komödie sind sinnfällig aufeinander bezogen. Die ergänzenden Teile sind jedoch nicht konstitutiv für die Handlung, und die Handlung selbst zeigt nur andeutungsweise eine dramatische Entwicklung. Es lassen sich zwei Handlungsstränge trennen: Die Angélique/Cléante-Handlung, die sich in den Szenen I,4; II,2; II,5 und III,14 entfaltet, und die Argan/Toinette/Béralde-Handlung, deren Hauptakzente in den Szenen I,1; I,5; II,5; II,6; III,3; III,4; III,5; III,10; III,13 und III,14 liegen. Beide Handlungsstränge kreuzen einander und lösen sich in der Schlussszene auf.

Zwei Handlungsstränge

Die in der Komödie agierenden Typen stellen einen Schnitt durch die Gesellschaft dar. Der Hauptakteur ist Argan, ein Hypochonder, wie er im Buche steht, obendrein ein Choleriker. Er dominiert die Komödie, besessen von der Idee, dass er einer dauerhaft-intensiven medizinischen Versorgung bedürfe. Wir erleben seine daraus resultierende Selbstsucht und Rücksichtslosigkeit, wechselnd mit seiner wirklichen Todesangst. Geholfen werden kann ihm schließlich nur, indem er selbst zum Arzt gemacht wird. Bereits sein erster Auftritt ist ein Höhepunkt voller zündender Situationskomik (I,1). Argans Krankheitswahn und die Todesangst steigern sich zu den beherrschenden Motiven und ziehen erheiternde und nachdenklich stimmende Konsequenzen nach sich. In diesem ersten Akt gipfeln sie in Argans willkürlicher Entscheidung, über die Zukunft seiner ältesten Tochter Angélique bestimmen zu wollen (I,5), und machen ihn blind für die Habgier und Falschheit seiner Frau. Damit beschwört er Angéliques und vor allem Toinettes heftigen Widerstand herauf.

Erster Akt

Im zweiten Akt spitzt sich dieser Konflikt zu. Der Personenkreis wird ausgeweitet und scharf kontrastiert. Die einprägsamste Szene ist II,5. Der von Argan ausgesuchte angehende Doktor Thomas Diafoirus macht Angélique auf gestelzte und peinlichste Weise den Hof. Sein blutleerer und wissenschaftlich-trockener Versuch, sie mit seinem angelernten Wissen zu beeindrucken, fällt vollkommen ab gegenüber dem Schäferduett von Cléante und Angélique, die sich darin ihre Liebe gestehen. Argan sieht seine Felle davonschwimmen und reagiert mit drastischer Schärfe. Diese Reaktion zeigt seine völlige Hilflosigkeit und Abhängigkeit von den Ärzten. Damit eröffnen sich Möglichkeiten für eine Wende der Situation.

Zweiter Akt

Diese Wende wird im dritten Akt maßgeblich durch Béralde und Toinette herbeigeführt. Béralde bearbeitet Argan massiv mit Argumenten und Toinette zerstört in ihm (in ihrer Rolle als Arzt) Stück für Stück das Vertrauen in die Kunst der Mediziner.

Dritter Akt

erheiternde und nachdenklich stimmende Konsequenzen: **des conséquences cocasses poussant à la réflexion**
der Konflikt spitzt sich zu: **le conflit se durcit**
Wende der Situation: **le revirement de la situation**

Aber auch andere Momente tragen dazu bei, dass Argan von seinen Plänen ablässt und einlenkt. Er sieht sich massiven Einschüchterungen durch den Arzt und den Apotheker ausgesetzt, die ihm weitere Hilfe versagen, wenn er ihren Weisungen nicht folge. Schließlich werden ihm seine Irrtümer vor Augen geführt, und es bleibt ihm nichts übrig, als sie zuzugeben. Höhepunkte sind die Szenen III,4, III,10 (wo Toinette als Arzt auftritt) und III,14 mit Argans Läuterung.

Prologe und Nachspiel

Den Rahmen zu diesem Geschehen setzen die Prologe und das Nachspiel. Der erste Prolog – er ist in der zu Grunde liegenden Ausgabe ebenso wenig enthalten wie der zweite und die beiden Zwischenspiele – ist ein heiteres Bekenntnis zum Leben in Form eines Schäferspiels mit Ballett-Einlagen. Es schließt sich ein zweiter, wesentlich kürzerer Prolog an: Eine Schäferin beklagt ihr Liebesleid. Die Kunst der Ärzte habe versagt; ihr sei nicht zu helfen. Dieser zweite Prolog leitet zur Liebesgeschichte Angélique/Cléante und zum Thema Krankheitswahn/Ärztekritik der Komödie über.

Zwischenspiele

Zwischen dem ersten und zweiten Akt steht das erste längere Zwischenspiel, eine Farce mit Musik und Tanz um den (von Toinette in I,8 erwähnten) Polichinelle. Er ist Geldverleiher, ein liebenswertes Schlitzohr, der Ärger mit der Nachtpatrouille bekommt, die ihn wegen rüden Benehmens abführen will. Er bezieht eine kräftige Tracht Prügel, löst sich dann aber mit Geld selbst aus, um sich die zweite Hälfte der Schläge zu ersparen. Dieses klamaukhafte Zwischenspiel hat in Polichinelle eine Komödienfigur in der Nachfolge der

Höhepunkte: **les points culminants**

Keine enge Verklammerung mit der Komödienhandlung

Commedia dell'arte[6] so recht nach dem Geschmack des Publikums. Wenngleich es auch nichts mit der eigentlichen Handlung zu tun hat, so fügt es sich gut in sie ein. Polichinelle muss im wörtlichen und übertragenen Sinne für seine Impertinenz der Wache gegenüber ebenso bezahlen wie Argan für seine Ignoranz. Polichinelle wird auf handgreifliche Weise zur Vernunft gebracht. Mit Argan wird subtiler verfahren, aber der Läuterungseffekt ist der gleiche. Molière nutzt dieses kleine Zwischenspiel auch für einen Seitenhieb auf die Bestechlichkeit der Nachtpatrouille. Die Ordnungshüter lassen erst von Polichinelle ab, als er ihnen das gewünschte Geld für einen Nachttrunk gibt.

Auch das zweite Zwischenspiel scheint vollkommen aus dem Handlungsrahmen zu fallen. Es findet zwischen dem zweiten und dritten Akt statt. Wieder handelt es sich um eine getanzte Einlage, in deren Mitte ein elegisches Lied um die Freuden der Liebe und um die Vergänglichkeit der Jugend steht. Im Zusammenhang mit der Liebesgeschichte und mit Argans Krankheitswahn, der ihn und andere um viele schöne Stunden des Lebens bringt, ist es jedoch enger an die Komödienhandlung gebunden als das erste Zwischenspiel. Vor allem drücken sich darin möglicherweise unmittelbar Molières Gedanken und Empfindungen zu seiner eigenen Lebenssituation aus. Er weiß sich dem Tod nahe und besingt noch einmal die Jugend und die Liebe, die es zu leben und genießen gilt.

eigentliche Handlung: **l'action (f.) proprement dite**
Freuden der Liebe: **les plaisirs (m.) de l'amour**
Vergänglichkeit: **le caractère éphémère**

Nachspiel

Dem Nachspiel wird gewöhnlich mehr Aufmerksamkeit geschenkt als den Prologen und den Zwischenspielen. Es ist eine Ballett-Parodie in mehreren Teilen, in der Argan zum Doktor der Medizin promoviert wird. Molière verwendet darin eine Mischung aus Französisch und Latein. Mit nichts hätte er das steife Ritual der Promotionszeremonie einer medizinischen Fakultät besser karikieren können. Natürlich spießt er nicht irgendeine Universität auf, sondern die Pariser Sorbonne.[7]

Obwohl Molière sich in dieser letzten Komödie von dem Regelwerk des französischen Klassizismus entfernt, dient es ihm zur Orientierung. Statt aus fünf Akten besteht *Le Malade imaginaire* nur aus drei, aber die Einheit von Ort, Zeit und Handlung wird beibehalten. Ihre Strenge wird durch die Zwischenspiele und das klamaukhafte Nachspiel aufgehoben. Durchgängiger Ort der Handlung ist Argans Haus. Das Leben der Menschen um ihn herum und sein eigenes sind auf diesen Ort konzentriert. Molière attackiert damit auch zugleich die geistige Enge der bürgerlichen Gesellschaft. Der zeitliche Rahmen umfasst einen Tag. Im Verlaufe weniger Stunden überschlagen sich dabei die Ereignisse, forciert durch die krankhafte Penetranz Argans. Da sich sein ganzes Denken und Handeln um sein Krankheits-Problem dreht und er die Zentralfigur der Komödie ist, bleibt auch die Handlung begrenzt. Ein und dasselbe Motiv wird lediglich variiert.

Einheit von Ort, Zeit, Handlung

Molières Sprache ist auch in dieser letzten Komödie weit vom Anspruch des klassischen Theaters entfernt und trägt abermals mehr dem »Geschmack der unteren Gesellschaftsschichten« Rechnung.[8] Am deutlichsten zeigt sich dies in den Szenen I,1; I,2; I,5; II,2; III,5 und III,10. In ihnen geht es verbal kräftig zur Sache, und Molière scheut auch nicht vor handfestem Klamauk zurück. Abgesehen von Passagen der Schäferszene Cléante/Angélique (II,5) und denen der Zwischenspiele in Verssprache, herrscht in der Komödie schlichte Alltagssprache vor. Von ihr heben sich die lehrhaft-gedrechselten Phrasen des jungen Diafoirus und das Mediziner-Latein der Doktoren und des Apothekers umso deutlicher ab (II,5; III,5).

Alltagssprache

schlichte Alltagssprache: **la langue sobre de tous les jours**

5. Interpretation

Ärztesatire

Dieses Kapitel wird sich auf die Ärzte-Satire und das Lachen über den Tod als die beiden herausragenden Themen der Komödie konzentrieren. Jedoch sollen weitere gesellschaftskritische Themen nicht übersehen werden, die Molière in ihr aufgriff. Er schoss seine satirischen Brandpfeile in verschiedene Richtungen ab: auf die elterlichen Erziehungsautoritäten und auf die Vertreter der Obrigkeit, auf die dichtenden Konkurrenten, auf die ärztliche Zunft und auf akademische Würdenträger (besonders natürlich auf die der medizinischen Fakultät). Sich selbst sparte er selbstironisch als Zielscheibe seines Spotts auch nicht aus.

Egoistische Eltern

Als Oberhaupt der Familie versagt Argan in der Erziehung seiner beiden Töchter. Er spielt sich als Tyrann auf und droht ihnen schwerste Strafen an. Anstatt sie zur Mündigkeit zu erziehen, unterwirft er sie seiner väterlichen Autorität. Zweifelsfrei ist er von seinem Krankheitswahn so besessen, dass er eine angemessene Erziehung nicht leisten kann. Auch Béline ist sich offenbar ihrer Verantwortung nicht bewusst. Sie ignoriert die Belange ihrer beiden Töchter. Das häusliche Chaos, verursacht durch den Egoismus der Eltern, gibt in der Person Toinettes nun einer

die beiden herausragenden Themen: **les deux thèmes prédominants**

Oberhaupt der Familie: **le chef de famille**

fremden Erziehungsautorität Raum. Sie entstammt zwar einer anderen Gesellschaftsschicht, tut aber das Notwendige, um dem *common sense* zum Recht zu verhelfen. Dass sie als Dienerin damit auch einem gehörigen Stück fortschrittlicher Erziehung die Tür öffnet, macht sie uns nur umso sympathischer. Es dürfte außer Frage stehen, dass Molière der »Emanzipation der Frauen und der Liberalisierung der Jugend«[9] gegenüber offen war, beides gesellschaftliche Ziele und Entwicklungen, auf die das bepuderte Bürgertum im Paris seiner Zeit nicht flexibel und positiv reagierte.

Kritik am konservativen Bürgertum

Mit Hingabe widmete sich Molière auch der Kritik an den bemühten Repräsentanten der Wissenschaften, jener Sorte von Lehrbuch-Papageien, die vor Wichtigkeit beinahe platzen. Zu ihnen zählten auch Vertreter der Kirche, wie sie im *Tartuffe* vorgeführt werden. Waren Ärzte und Apotheker die Gottheiten, die über den Körper eines Menschen bestimmten, so waren die Kirchenmänner jene, die sich der Seelen ihrer ›Untertanen‹ auf ziemlich selbstherrliche Weise annahmen und wenig daran interessiert waren, deren Geist zu befreien.

Kritik an Wissenschaft und Kirche

Und die schreibende Zunft? In der Komödie spielt Molière einige Male ironisch auf die Konkurrenz an, ohne Namen zu nennen, so in den beiden Prologen und in der Duett-Szene Cléante/Angélique. Er weist den Verfassern seichter Schäferspiele und kurzlebiger Farcen den Abstand zwischen sich und ihnen mit überlegener Nachsicht auf. Sich selbst bezieht er aber expressis verbis selbstironisch in das Geschehen ein (III,3).

Blick auf die literarische Welt

Le Malade imaginaire ist eine Komödie mit vielen Facetten, aber in erster Linie ist sie eine Satire auf die Kunst der Ärzte und Apotheker. Im 17. Jahrhundert genossen Ärzte höchstes Ansehen und sie beanspruchten es auch für sich. In ihrem Handeln waren sie autonom.[10] Die gängige Praxis folgte weitgehend kritiklos der antiken Lehre von den Körpersäften (Blut, schwarze und gelbe Galle, Schleim). Bei gesunden Menschen waren diese Säfte im Gleichgewicht; bei Kranken waren sie durcheinander geraten und mussten wieder ausgeglichen werden. Dafür gab es den Aderlass als probates Mittel, nicht selten mit tödlichen Folgen. Wenige fortschrittliche Ärzte sahen diese Lehre zu Molières Zeiten als überholt an. Magen- und Darmerkrankungen behob man weithin mit Radikalkuren. Brechmittel und Klistiere waren die damals bewährten Mittel und Werkzeuge. Auch ihre Anwendung hatte nicht selten gefährliche Auswirkungen.

Autonomes Ärztetum

Um diese Ärzte und ihre Praktiken mit spitzer Feder aufzuspießen, erfand Molière als ihr Opfer den hypochondrischen Argan. Indem dieser sich seinen eingebildeten Krankheiten hemmungslos hingibt, kann er sich eine Zeitlang seine Umwelt unterwerfen, die Anteilnahme, Aufmerksamkeit und Nachsicht jener Menschen gewinnen, die es gut mit ihm meinen (Angélique, Toinette, Béralde). Deren Toleranz jedoch hat Grenzen.

Argan als Opfer

Molière widmet Argans Ärzten vier ausführliche Szenen (II,5; II,6; III,4 und III,5). Er legt darin ihre ganze Einfalt,

eine Komödie mit vielen Facetten: **une comédie aux multiples facettes**
Einfalt: **la naïveté**

die Begrenztheit ihres Wissens und ihre Pedanterie offen. Als Menschen sind sie steif, ohne Flexibilität und Sinn für Humor, ohne Feingefühl und psychologisches Gespür. Ihre Fachgebiete vertreten sie mechanistisch, festgefahren in jenen überholten Theorien der Medizin.

Bloßstellung der Ärztezunft

Bei all ihrer Turbulenz und zuweilen haarsträubenden Komik zeigt die Komödie eine stringente und durchgängig ernste Argumentationslinie Molières gegen das von totem Schulwissen und von so wenig Vernunft und Menschenkenntnis geprägte Handeln der Mediziner. Der Autor tritt damit in einen indirekten sachlichen Dialog mit dem Zuschauer. Toinette und Béralde sind seine ›Sprachrohre‹. Die von dem Dienstmädchen an Argan gerichtete Mahnung eröffnet diesen Dialog (3,10–13). Sie versucht Argan klar zu machen, dass er sich den Ärzten und Apothekern ausgeliefert hat, die ihrerseits nichts tun, um die »Krankheit« zu diagnostizieren. Béralde greift das Thema auf (73,16–24). Ihm steht eine differenziertere Sprache zur Verfügung als Toinette, gedankenscharf führt er Argan vor Augen, welchem Irrglauben er mit seiner Hypochondrie aufsitzt und wie wenig die Ärzte ihm wirklich helfen (75,3–7; 76,3–17; 77,5–10; 77,18–78,1).

Sprachrohre der Kritik

Schließlich wird Molière selbst als Autorität des Widerspruchs gegen das Machwerk der Ärzte ins Spiel gebracht (78,18–24). Béralde erklärt seinem Bruder, warum Molière

Molière argumentiert mit Molière

Begrenztheit ihres Wissens: **leurs connaissances limitées**
wenig Vernunft und Menschenkenntnis: **le manque de raisonnement et de connaissance de la nature humaine**

sich von den Ärzten und ihren Arzneien fern hält: »Il a ses raisons pour n'en point vouloir, et il soutient que cela n'est permis qu'aux gens vigoureux et robustes, et qui ont des forces de reste pour porter les remèdes avec la maladie; mais que, pour lui, il n'a justement de la force que pour porter son mal« (80,7–11). Hier verstummt womöglich das Lachen für einen Augenblick, denn in dieser Szene enthüllt Molière indirekt, dass er selbst ernsthaft krank ist.

Variationen der Todesthematik

Auch Argan glaubt, sterben zu müssen (9,8–9). Seine Angst ist echt, aber sie hat keine Begründung. Molière steigert die Lebens- und Todesangst Argans ins Groteske, und alles, was mit dem Tod zusammenhängt, verliert dadurch seine Kälte und seinen Schrecken. Cléante kann und will ohne Angélique nicht mehr leben (52,5–7), und in ihrem Duett ist der Tod nur eine theoretische Konsequenz, falls sich ihre Liebe nicht erfüllt. Béline kann es nicht erwarten, dass Argan stirbt (32,15–33,8). Um sein Leben macht sie sich ebenso wenig Gedanken wie über seinen Tod. Argans Tod hätte für sie nur insofern Bedeutung, als ihr durch die dann anstehende Erbschaft ein unabhängiges Leben sicher wäre, ohne Verantwortung, ohne Pflichten. Louison stellt sich tot (66,18), und Argan selbst spielt gleich zweimal den Toten (97,9–12; 100,3–8).

Schlüsselszenen: Spiel mit dem Tod

In diesen Spielformen mit dem Tod stellt die Szene Argan – Louison eine Schlüsselszene dar. Der ›Tod‹ ist der rettende Einfall eines Kindes, mit dem es sich dem Zorn des Vaters

Lebens- und Todesangst: **l'appréhension (f.) quant à la vie et à la mort**
Schlüsselszene: **la scène-clé**

entziehen kann. Louison weiß nichts vom Sterben, und für sie sind Leben und Tod auswechselbar. Als Kind erscheint sie gefeit gegen den Tod, unsterblich, so dass sie sich seiner spielerisch bedienen kann. Louisons Spiel nimmt Argans Spiel, eine weitere Schlüsselszene, vorweg. Ihm ist jedoch dabei nicht geheuer, und er versichert sich tunlichst der Harmlosigkeit dessen, worauf er sich einlässt: »N'y a-t-il point quelque danger à contrefaire le mort?« (97,19–20). Argan darf aber weiterleben und sich die schlimmsten Krankheiten einbilden. Als frischgebackener ›Doktor der Medizin‹ ist er nun glücklicherweise in der Lage, sich selbst die richtigen Heilmittel zu verordnen.

Schwarze Komödien

Molières Komödien sind schwarze Komödien. Während man diese Erkenntnis vor mehr als 100 Jahren behutsam nur auf die späten Komödien bezog, lässt sie sich nach dem heutigen Forschungsstand wohl auf sein ganzes Werk anwenden. »Die Menschen werden wie bei Corneille und mehr noch bei Racine, Opfer ihrer Leidenschaft. [...] Molières Menschen zappeln im eigenen Netz, uneinsichtig, unbelehrbar, allen Überzeugungsversuchen unzugänglich. Doch der Dramatiker zeigt den Verstoß gegen die Vernunft, gegen die moralischen und gesellschaftlichen Normen komisch. Er lacht über die eigene Verzweiflung, er entfesselt alle Komödiantik, um über einen realistischen Spiegel des Lebens Gelächter auszulösen. [...] Es bleibt bei dem komischen Zusammenstoß mit der Gesellschaft ein unauflösbarer, tragischer Rest: für den lächerlichen Helden ebenso wie für die Menschen, deren Entfaltung oder Existenz durch seine Schwäche bedroht wird.«[11]

Harmlosigkeit: **le côté inoffensif**

6. Autor und Zeit

Molières Leben fällt in die Zeit von Frankreichs Aufstieg zur führenden Großmacht Europas unter Ludwig XIII. und dem berühmt-berüchtigten Kardinal Richelieu sowie unter König Ludwig XIV., dem »Sonnenkönig«, und seinem nicht minder bedeutenden Kardinal Mazarin. Es ist das Zeitalter des Absolutismus. Wesentliches Merkmal des Absolutismus (1648–1794) war die Zentrierung der Staatsgewalt auf den weltlichen und geistlichen Souverän eines Landes nach dem Vorbild Ludwigs XIV. Erst die Französische Revolution (1789–1794) setzte dieser Zeit ein Ende.

Absolutismus

Nach der Ermordung seines Vaters, Heinrichs IV., wird Ludwig XIII. noch als Kind im Jahre 1610 Thronerbe. Als er 1614 amtsfähig ist, leitet seine Mutter Marie von Medici noch für einige Jahre die Staatsgeschäfte. Der junge König, körperlich schwach und entscheidungsunsicher, macht im Jahre 1624 den Kardinal Armand-Jean du Plessis, der sich 1631 Kardinal Richelieu nennen wird, zum leitenden Staatsminister. Ludwig tut damit einen guten Griff, denn der Kardinal ist hochintelligent, zielstrebig, ehrgeizig und äußerst loyal. Er hat drei Ziele, die er konsequent verfolgt:

Frankreichs Aufstieg: **la montée en puissance de la France**
entscheidungsunsicher: **indécis(e)**
hochintelligent: **extrêmement intelligent(e)**
zielstrebig: **déterminé(e)**
ehrgeizig: **ambitieux(-se)**
loyal: **loyal(e)**

1. Er begrenzt die Macht des französischen Hochadels. – 2. Er beschneidet die Sonderrechte der Hugenotten, die Hein-rich IV. ihnen zugestanden hatte. – 3. Er schwächt die Vormacht Habsburgs in Europa und sichert die Stellung des französischen Königs durch eine einzigartige Verquickung von Geld und Macht in Paris.

Richelieu – Politiker und Freund der Literatur

Doch Richelieu ist nicht nur Machtpolitiker. Er ist ein gebildeter Mann mit einer besonderen Leidenschaft für die Literatur, dem es auch um die kulturelle Führungsrolle Frankreichs in Europa geht. Selbst Autor mehrerer Bühnenstücke, treibt er zusammen mit Ludwig XIII. die Entwicklung des französischen Theaters voran. In Paris gibt es zu jener Zeit noch etwa 100 Ball- oder Theaterhäuser. Auf Richelieus Betreiben werden neue, modernere Theater gebaut. Er ist auch die treibende Kraft zur Gründung der Académie Française (1635).

Nach seinem Tod (1642) regt sich mehr und mehr der Widerstand des Hochadels und des begüterten Bürgertums gegen die auf alleinige Machtsicherung bedachte Politik des Hofes. Es kommt zum Aufstand und zu schweren Zusammenstößen, die 1653 von Kardinal Mazarin zurückgeworfen werden und in sich zusammenbrechen. Ludwig XIV., der 1654 zum König gekrönt wird, hat nun freie Bahn, ein prächtiges Frankreich aufzubauen, das er bis zu seinem Tod absolutistisch regiert. Seine hochgesteckten Ziele und gewaltigen

Ludwig XIV.

Leidenschaft für die Literatur: **la passion pour la littérature**
treibende Kraft: **la force motrice**
hochgesteckte Ziele: **les projets ambitieux**

Bauvorhaben verschlingen Unsummen. Mit Schloss Versailles erschafft er einen der herrlichsten Regentensitze aller Zeiten, der in seinen Maßstäben und in seiner Ausstattung alle Dimensionen der Zeit sprengt. Diese bislang nie dagewesene Inszenierung eines Herrschers wird zum Vorbild für weite Teile des Bürgertums, namentlich des in Paris lebenden, das ihm in kleinerem Maßstab nachzueifern beginnt. Es kommt zu einer einzigartigen Form der Identifikation des Volkes mit seinem Souverän.

Jean-Baptiste Molière (mit bürgerlichem Namen Jean-Baptiste Poquelin) wird am 15. Januar 1622 als erstes Kind von Jean Poquelin und Marie Cressé in Paris geboren. Er stirbt am 17. Februar 1673, gerade einmal fünfzig Jahre alt.

Kindheit

Gediegene Erziehung und materielle Sicherheit bestimmen die Kindheit und die frühe Jugend Jean-Baptistes und seiner drei jüngeren Geschwister. Ist die Familie auch nicht vermögend, so hat sie doch ein gutes Auskommen durch die Arbeit des Vaters als »Königlicher Hoftapezierer«. Als Jean-Baptiste zehn Jahre alt ist, verliert er die Mutter, die im Kindbett stirbt (1632). Ein Jahr später heiratet der Vater wieder. Seine zweite Frau, die Tochter eines Pariser Kaufmannes, stirbt jedoch schon drei Jahre nach der Eheschließung.

Vermutlich ab 1632 besucht der aufgeweckte Jean-Baptiste das Collège Clermont, aus dem später das *Lycée Louis-le-Grand* hervorgehen wird. Großvater Jean Poquelin kümmert sich sehr um die Bildung und das Wohl-

gediegene Erziehung: **l'éducation (f.) solide et sérieuse**
materielle Sicherheit: **la sécurité matérielle**

Molière
Porträt von Charles-Antoine Coypel (1694–1752)

ergehen seines Enkels und führt ihn in das Theaterleben von Paris ein. Er legt damit den Grundstein für die Theaterleidenschaft des Jungen. Bereits 1637 wird Jean-Baptiste auf die Nachfolge seines Vaters in dessen Beruf vorbereitet und sogar vereidigt. Nach Abschluss seiner Schulzeit studiert er aber in Orléans Jura, wahrscheinlich auch Philosophie.

Studium in Orléans

Anstatt jedoch einem gesicherten Broterwerb nachzugehen – er hat überdies alle Voraussetzungen für eine gute gesellschaftliche Karriere –, gründet er mit der um vier Jahre älteren Schauspielerin Madeleine Béjart (1618–1672) ein eigenes Theater, an dem noch weitere Familienmitglieder der Béjarts beteiligt sind. Fortan nennt er sich »Molière« und verschreibt sich ganz der Schauspielerei. Er bricht mit der Gesellschaftsschicht, der er entstammt, und mit ihren Konventionen. Anfang des Jahres 1643 wird Armande Béjart geboren, eine Tochter Madeleines. Molière wird die Tochter 1662 heiraten.

Hinwendung zum Theater

Für die Truppe wird in Paris ein Gebäude als Theater umgebaut. In der Zwischenzeit gastiert sie in Rouen. Der erhoffte Erfolg stellt sich nach der Eröffnung des eigenen Theaters zum Jahresbeginn 1644 nicht ein. Molière hat Schulden und muss von seinem Vater aus dem Schuldgefängnis freigekauft werden. Ob zufällig oder gemeinsam geplant, sowohl die Béjarts als auch Molière schließen sich der wandernden Schauspieltruppe um Charles Dufresne an und treten zwischen 1645 und 1657 in vielen Städten Südfrankreichs auf. Sie ist eine von etwa 200 wandernden Truppen, die in Frankreich unterwegs sind.

Wandernde Schauspieltruppe

Molière erlernt sein Handwerk als Schauspieler und Regisseur gründlich. Am meisten lernt er von den italienischen Wandertruppen. Sie haben die commedia dell'arte im Gepäck, neben der Oper ihr erfolgreichster Exportartikel. Die Kulturwächter Frankreichs lieben sie nicht, schon gar nicht, wenn italienische Stücke mit französischen Sprachelementen durchsetzt werden. Der Schauspieler-Autor Molière schreibt eigene Stücke für die Truppe, wobei er sich des Vorhandenen allerdings frei bedient: »He recycled familiar ploys [sic] and stole old comic routines. He repeated plots, situations and characters from play to play […] because they worked well in theatrical terms. But even his broadest comedy is always used for a purpose: to highlight the folly of his monomaniacs or to show some social failing in an absurd light.«[12] Noch ist keiner seiner großen Erfolge darunter; diese entstehen erst um 1660. Dennoch erspielt sich die Truppe, deren Prinzipal er 1650 geworden ist, Anerkennung und ein bescheidenes Auskommen.

Eigene Stücke

Theater in der Provinz ist Jahrmarktsklamauk. Das Volk, vor allem die unteren Schichten, will Unterhaltung, bei der es derb und handfest zur Sache geht. Es wird gejohlt und kräftig mitgemischt. Das ist in den Theaterhäusern der Städte nicht anders. In Paris ist das »Hôtel de Bourgogne« im 17. Jahrhundert berüchtigt für seine hemdsärmelige Atmosphäre. Bürger, die etwas auf sich halten, gehen dort gar nicht erst hin. Es ist der Treffpunkt für Arbeitsscheue und Abenteurer,

sein Handwerk erlernen: **apprendre son métier**
Anerkennung: **la considération**
bescheidenes Auskommen: **le salaire modeste**
hemdsärmelige Atmosphäre: **l'ambiance (f.) désinvolte**

für Krawallmacher und gestrandete Existenzen. Es mischen sich auch untere Bedienstete unter sie, Soldaten und einfache Angestellte.

Erst 1658 kehrt die Truppe nach Paris zurück. Mit der einaktigen Farce aus eigener Feder, *Le Docteur amoureux*, gewinnt Molière bei einer Festaufführung 1658 die Gunst des Königs. Rasch erobert er auch das Theaterpublikum der Metropole, das sich beträchtlich gewandelt hat. Er trifft immer noch ein Publikum von sehr anspruchslosem Zuschnitt an; er sieht sich aber auch mit Theaterbesuchern höherer Schichten konfrontiert. Zweifellos geht es deutlich disziplinierter zu, als er es aus der Provinz gewöhnt ist. Dennoch gibt es beim Publikum immer wieder drastische Rückfälle in alte Unsitten.[13]

Erfolge in Paris

Etwa in der Mitte des 17. Jahrhunderts hat das Theater in Paris den höchsten Unterhaltungswert für die Menschen aller Schichten. Sie sind überwiegend an zwei Komödientypen gewöhnt, mit denen sie sich wieder und wieder unterhalten lassen: Farcen, die in aller Regel wenig differenziert und handfest sind, sowie Komödien mit verwickelten Intrigen, in denen es nicht weniger kräftig zur Sache geht. Wie Shakespeare den Menschen für sein Publikum entdeckte und das denkbar breiteste Spektrum des Menschseins entfaltete, so legt Molière in seinen Komödien respektlos die Schwächen der Menschen seiner Zeit offen.

das Theaterpublikum erobern: **gagner les faveurs du public**
Rückfälle in alte Unsitten: **retour à une ancienne désinvolture**
den höchsten Unterhaltungswert haben: **être la distraction principale**
menschliche Schwächen: **les faiblesses humaines**

Für zwei Jahre wird das »Petit Bourbon« sein Theater. Um das differenziertere Publikum zufriedenzustellen, schreibt und inszeniert Molière breiter und komplexer angelegte Ballett-Komödien mit volkstümlichen Elementen, zu denen auch seine letzte, *Le Malade imaginaire*, zählt. Mit den *Précieuses ridicules* (1659) landet er dort seinen ersten großen Komödien-Erfolg, dem rasch mit *Sganarelle ou le Cocu imaginaire* (1660) ein zweiter folgt. Als ›sein‹ Theater abgerissen wird, zieht er gegen Ende des Jahres 1660 in das noch unter Kardinal Richelieu gebaute »Palais Royal« um. In nächster Nähe zum Hof, der ihn protegiert und fördert, durchlebt Molière ein Dutzend wechselvoller Jahre. Er sieht großen Stil und vollendete Etikette, aber auch hohle Eitelkeit, Verlogenheit und würdelose Intrige. Vieles davon macht er zum Inhalt seiner (schwarzen) Komödien und gewinnt dadurch nicht nur Freunde. Mit seiner beißenden Satire setzt er sich zwischen alle Stühle und verärgert nacheinander alle Schichten der Gesellschaft.[14] Dennoch kann er unter der Protektion Ludwigs XIV. triumphale Erfolge feiern. Es entwickelt sich eine fruchtbare Zusammenarbeit mit dem Komponisten Jean-Baptiste Lully (1632–1687), der als Zwanzigjähriger an den Hof Ludwigs XIV. gekommen war.

Ballett-Komödien

Nähe zum Hof

Spitzen gegen alle Schichten der Gesellschaft

Im Jahr 1662 heiratet Molière die um zwanzig Jahre jüngere Armande Béjart, und Paris hat einen weiteren Grund, ihm seine moralische Verwerflichkeit vorzuhalten. Ein

fruchtbare Zusammenarbeit: **la collaboration fructueuse**
moralische Verwerflichkeit: **la conduite morale répréhensible**

heftiger Konflikt mit der Öffentlichkeit um sein Stück *Tartuffe* (uraufgeführt am 12. Mai 1664 in Versailles) beginnt, der sich über zwei Jahre erstrecken und sehr an Molières Kräften zehren wird. Er sieht sich bösartigen Anfeindungen von Adel und Klerus ausgesetzt. Zudem gestaltet sich die Ehe als schwierig, und es kommt zu heftigen Auseinandersetzungen und unschönen Szenen, für die häufig genug die junge, kapriziöse Armande der Anlass ist. Molière wird ernsthaft krank, im Jahr 1666 muss er sogar für einige Monate dem Theater ganz fernbleiben. In der Folgezeit zahlt er gesundheitlich weiteren Tribut durch ein gewaltiges Arbeitspensum auf der Bühne und als Dramatiker. Jedes Jahr erscheinen zwei neue Stücke von ihm, und der Trubel um seine Person reißt nicht ab. Mit der Erstaufführung einer Neufassung seines *Tartuffe ou l'Imposteur*, wie der Titel nunmehr lautet, am 5. Februar 1669 sieht sich Molière von der Pariser Gesellschaft rehabilitiert.

Kräftezehrende Konflikte

Es bleibt ihm aber nur kurze Zeit, um sein Lebenswerk abzuschließen. Er ringt sich noch einige seiner zugkräftigsten Stücke ab – *Bourgeois gentilhomme*, *Psyché*, *Les Femmes savantes* und schlussendlich *Le Malade imaginaire*. Am 17. Februar 1672, auf den Tag genau ein Jahr vor Molière, stirbt Madeleine Béjart. Zu diesem Zeitpunkt ist auch er bereits sterbenskrank. Im März desselben Jahres räumt der König dem Komponisten Lully ein, das Pariser Kulturleben, das im Wesentlichen Musiktheater ist, hauptverantwortlich zu leiten. In drasti-

Letzte Stücke

ernsthaft krank werden: **tomber sérieusement malade**
sich von der Pariser Gesellschaft rehabilitiert sehen: **se voir réhabilité par la société parisienne**

scher Weise trennt Lully Oper und Sprechtheater. Fortan dürfen die Schauspieler in den Stücken, in denen sie auftreten, nicht mehr singen. Die Bevorzugung Lullys versetzt Molière einen schweren Schlag. Die Sonderstellung und die Kontrollmittel, die der Chef der Pariser Oper nun hat, machen es Molière schwer, an seinem bisherigen Erfolgskonzept der Ballett-Komödie festzuhalten. Mit seinem ganzen Willen arbeitet er dennoch in seinem letzten Lebensjahr an der Vollendung seiner Ballett-Komödie *Le Malade imaginaire*, die noch einmal all jene Elemente vereint, die das Publikum liebt. Er besteht darauf, nicht nur bei der Premiere dieses Stückes aufzutreten, sondern auch in den weiteren

Molières Tod

Aufführungen. Die vierte Aufführung seines letzten Stückes überlebt er nicht. Am Abend nach der Vorstellung stirbt er am 17. Februar 1673 in seiner Wohnung. Molières Beerdigung ist prosaisch. Er wird auf dem Gemeindefriedhof von Saint-Joseph ohne priesterlichen Beistand beigesetzt. Ganz Paris ist aus dem Häuschen. Die eine Hälfte findet das skandalös, die andere Hälfte triumphiert, hat der von ihnen Gehasste doch endlich die verdiente Strafe gefunden. Erst im Zuge der Französischen Revolution findet er eine würdige Grabstelle auf dem Pariser Friedhof Père Lachaise.

Der Lehnstuhl, auf dem er den Argan spielte, wird heute in der Comédie Française in Ehren gehalten. Diese Dauer-Verbeugung bezeugt den Respekt der französischen Geisteswelt vor einem ihrer größten Dichter und gleicht das Un-

jdm. einen schweren Schlag versetzen: **assener un coup sérieux à qn**
bezeugt den Respekt: **témoigne du profond respect**
die französische Geisteswelt: **l'intelligentsia française**

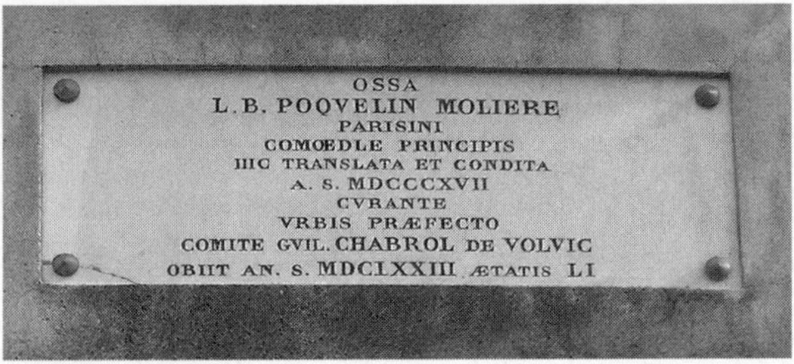

Molières Grab auf dem Pariser Friedhof Père Lachaise
Foto: Dieter Meier, Stuttgart

recht und die Schmach aus, die er zu Lebzeiten von so vielen seiner Zeitgenossen erfuhr.

Armande heiratet drei Jahre nach dem Tod ihres Mannes einen Schauspieler der Truppe, Guérin L'Estriche (1636–1728). Sie überlebt Molière um 27 Jahre und stirbt am 30. November 1700. Es mag nicht zuviel gesagt sein, dass die Béjarts (Madeleine und Armande) großen Anteil an den Erfolgen seiner Stücke hatten. Ihre Namen sind mit seinem in der Welt des Theaters engstens verbunden.

Werke (Auswahl)

In vielen seiner Stücke spielte Molière die männlichen Hauptrollen selbst. Die nachstehende Auflistung enthält seine wichtigsten Stücke und in Klammern die Rolle, die er übernahm:

männliche Hauptrolle: **le personnage masculin principal**

1647 *Le Médecin volant* (Sganarelle)
1655 *L'Etourdie* (Mascarille)
1659 *Les Précieuses ridicules* (Mascarille)
1660 *Sganarelle ou le Cocu imaginaire* (Sganarelle)
1661 *L'Ecole des maris* (Sganarelle)
1664 *Le Tartuffe ou l'Imposteur* (Orgon)
1665 *Dom Juan ou le Festin de pierre* (Sganarelle)
L'Amour médecin (Sganarelle)
1666 *Le Misanthrope* (Alceste)
Le Médecin malgré lui (Sganarelle)
1668 *George Dandin ou le Mari confondu* (George Dandin)
L'Avare (Harpagon)
1670 *Le Bourgeois gentilhomme* (Jourdain)
1671 *Psyché* (Zéphire)
1672 *Les Femmes savantes* (Chrysale)
1673 *Le Malade imaginaire* (Argan)

7. Rezeption

Molières Theaterstücke, zumindest die bekanntesten unter ihnen wie *Tartuffe*, *L'Avare*, *Le Misanthrope* und *Le Malade imaginaire*, gehören unbestritten zum universalen Bildungsgut. Sie sind in alle Kultursprachen der Welt übersetzt. Er wird auf den Bühnen der Welt gespielt, in Frankreich selbstverständlich mehr als anderswo.
Wie zu seinen Lebzeiten, so war die Welt um seine Person und um seine Dichtung auch nach seinem Tod in zwei Lager gespalten. Doch die Zahl seiner Bewunderer, die sein Werk lebendig hielten, überwog und überwiegt bis zum heutigen Tag. Zur Verbreitung der Stücke Molières

Verbreitung in Deutschland

in Deutschland trugen zunächst französische wandernde Hoftruppen bei, die ab 1667 bis 1712 an den Fürstenhöfen in Berlin, Dresden, Hannover und München auftraten. Im Laufe des 18. Jahrhunderts kamen Bayreuth, Kassel, Mannheim, Stuttgart und Wien hinzu.[15] Der direkte französische

Molière als Vorbild

Theater- und Operneinfluss durch Wanderbühnen nahm mit der eigenständigen Entwicklung des deutschen Theaters spürbar ab, doch blieb Molière ein bewundertes Vorbild und Orientierung für viele Dichter, unter ihnen Chr. F. Gellert (1715–1769), G.E. Lessing (1729–1781), J.E. Schlegel

universales Bildungsgut: **le patrimoine culturel universel**
in zwei Lager gespalten: **divisé(e) en deux camps**
wandernde Hoftruppen: **les troupes itinérantes (de la cour)**
eigenständige Entwicklung: **l'évolution (f.) vers l'autonomie (f.)**

(1719–1781) und Chr. M. Wieland (1733–1813). Auch J. W. von Goethe (1749–1832) bewunderte und schätzte den französischen Bühnendichter: »Ich kenne und liebe Molière seit meiner Jugend und habe während meines ganzen Lebens von ihm gelernt. Ich unterlasse nicht, jährlich einige Stücke von ihm zu *lesen,* um mich immer im Verkehr des Vortrefflichen zu erhalten.«[16] Der größte deutsche Dichter zollte ihm darüber hinaus auch seinen Respekt, indem er ihn übersetzte. Zu Molières Werk gibt es eine Flut von Übersetzungen. Insgesamt existieren allein zu *L'Avare* 58, zu *Tartuffe* 51 und zu *Le Malade imaginaire* 50 verschiedene Übertragungen ins Deutsche.[17] Sie dokumentieren eindrucksvoll neben individuellem Interesse das unablässige Bemühen, das Erbe des französischen Dichters zeitgemäß zu interpretieren und einen ›deutschen Molière‹ fassbar zu machen.

Lebhafte Aufführungsgeschichte

Die Aufführungsgeschichte von Molières Stücken zeigt in Frankreich wie in Deutschland ein lebhaftes Auf und Ab, abhängig von den jeweiligen Zeitumständen. Sie verschwanden jedoch nie komplett aus den Theaterprogrammen. In dem von Molières Truppe bespielten »Palais Royal« war beinahe jede Aufführung gut besucht. In der Spielzeit 1672/73 wurden an die 53 000 Karten verkauft, d. h. durchschnittlich 400 pro Vorstellung.[18] Nach Molières Tod hat sich in Frankreich *Tartuffe* mit Abstand als das am häufigsten aufgeführte Stück auf den Bühnen gehalten, jene nach der Erstaufführung (1667)

Flut von Übersetzungen: **une grande abondance de traductions**
unablässiges Bemühen: **l'effort (m.) permanent**
Auf und Ab: **la fluctuation**

so umstrittene Komödie um den charmanten Blender und Heuchler. Revolutions- und Kriegszeiten führten zu einer deutlichen Abnahme der Aufführungen von Molières Stücken, wie das Theater allgemein geringere Aktivität verzeichnete. Der Wiederaufstieg des Theaters in Frankreich sah im 19. und 20. Jahrhundert erneut den *Tartuffe* an der Spitze der Aufführungen von Molières Stücken, während in Deutschland *L'Avare* und *Le Misantrophe* beliebter zu sein schienen. Seit dem Ende des Zweiten Weltkrieges war Molière weiterhin auf (französischen und) deutschen Bühnen fest etabliert. Trotz der Vorliebe des Publikums (und der Regisseure) für die drei ewigen »Spitzenreiter« stand die große Popularität von *Le Malade imaginaire* hier wie dort außer Frage. Das scheint auch gegenwärtig der Fall zu sein, wie die große Zahl jüngerer Aufführungen von Molières letzter Komödie beweist, unter ihnen auch viele auf Schüler- und Studentenbühnen.

Zu allen Zeiten war Molières Werk eine außerordentliche Materialienquelle für differenzierte künstlerische Adaptionen. Stellvertretend für viele andere seien zumindest die Molière-Bearbeitungen Hugo von Hofmannsthals erwähnt, aus jüngerer Zeit die von Hans-Magnus Enzensberger, Tankred Dorst und Wolfgang Deichsels Mundart-Übertragung ins Hessische. Auch Filmschaffende haben sich immer wieder der Stücke Molières und seiner Biographie angenommen.

Blender und Heuchler: **l'imposteur et l'hypocrite**
fest etabliert: **bien établi(e)**
differenzierte künstlerische Adaptionen: **une diversité d'interprétations artistiques**
Filmschaffende: **les cinéastes**

8. Dossier pédagogique

Ce dossier n'a en aucun cas pour but d'offrir une explication complète de la comédie *Le Malade imaginaire*. Il ne s'agit que de suggestions destinées à vous aider à comprendre et à analyser le texte. De plus, le dossier vous propose un choix de thèmes pour une *écriture créative*.

A. Molière et son temps

- Penchez-vous sur l'époque de Molière. Imaginez une affiche qui présente les grands personnages et les événements historiques importants de cette époque.
- Décrivez le rôle des sciences, notamment celui de la médecine, au $17^{\text{ème}}$ siècle.
- Est-ce que l'influence de la médecine sur la société d'aujourd'hui est semblable à celle qu'elle a eu sur celle du $17^{\text{ème}}$ siècle?
- Etudiez le rôle qu'ont joué les Salons au $17^{\text{ème}}$ siècle. Expliquez comment ces salons contribuaient à démocratiser la société de Paris.
- Quel rôle dominant Richelieu et Mazarin ont-ils joué dans le domaine culturel et politique?
- Décrivez la vision culturelle de Richelieu.
- Quelles ont été les grandes œuvres réalisées par le ›Roi Soleil‹ dans les domaines politiques et culturels?
- Comment le peuple de cette époque percevait-il le Roi?

B. Molière

- Faites une chronologie brève de la vie de Molière.
- Quelles étaient les raisons qui ont poussé Molière à se moquer des médecins?

- Pourquoi Molière était-il haï par beaucoup? Leur haine était-elle justifiée?
- Pensez-vous que la phrase suivante: »Molière a écrit des comédies noires«, est correcte? Justifiez votre réponse.
- En quoi se montre la grandeur de Molière entant qu' écrivain?

C. Le théâtre

- Faites des recherches sur la ›Commedia dell' arte‹ et nommez quelques-uns de ses caractères typiques.
- Pourquoi l'opéra italien avait-il une influence majeure sur l'évolution du théâtre français?
- Quels sont les éléments caractéristiques de la comédie-ballet?
- Comment les compagnies itinérantes étaient-elles organisées?
- Faites une liste des différents théâtres de Paris au temps de Molière. Certains d'entre eux existent encore aujourd'hui. Retracez l'histoire de l'un de ces théâtres.
- Pourquoi peut-on caractériser les comédies de Molière comme étant des ›comédies de moeurs‹ à l'image de son temps?

D. *Le Malade imaginaire* – thèmes divers

- Faites un résumé des trois actes.
- Analysez les éléments comiques, satiriques et tragiques de la comédie.
- Analysez une scène que vous considérez comme étant une scène-clé.
- Pourquoi Argan est-il un caractère complexe?
- Faites une analyse des caractères et établissez un diagramme illustrant leurs relations.

- Décrivez la relation d'Argan avec ses enfants.
- Décrivez la relation de M. Diafoirus avec son fils Thomas.
- Que nous révèle la relation de Toinette et d'Argan dans I,5? Y a-t-il des parallèles avec d'autres scènes?
- Analysez les différents thèmes qui se développent dans II,5 et décrivez le comportement d'Argan.
- Dressez le portrait d'Argan et celui de Béralde et comparez leurs avis différents sur les médecins.
- Comment Argan est-il pris au dépourvu par Toinette et Béralde?
- Faites le portrait de Cléante et celui de Thomas Diafoirus.

E. Idées pour une écriture créative

- Composez une affiche annonçant la mise en scène de cette comédie dans votre école.
- Imaginez une mise en scène moderne d'une partie de la comédie.
- Traduisez une petite scène dans votre patois régional.
- Comment pourriez-vous remplacer le prologue et les intermèdes pour une mise en scène expérimentale? Faites des suggestions.
- Imaginez-vous acteur d'une compagnie itinérante. Racontez-nous quelques épisodes de votre vie sur les routes.
- Ecrivez une lettre critique en exprimant votre déception après avoir lu/vu *Le Malade imaginaire*.
- Ecrivez une lettre d'appréciation à M. Molière.
- Créez une bande sonnore en mélangeant musique moderne et baroque pour faire un film sur la vie de Molière.

9. Lektüretipps

Textausgaben

Molière: Théâtre complet. 2 Bde. Hrsg. von R. Jouanny. Paris: Garnier, 1960. (Classiques Garnier.)
– Le Malade imaginaire. Comédie en trois actes. Hrsg. von Monika Schlitzer. Stuttgart: Reclam, 1987 [u. ö.]. (Universal-Bibliothek. 9217.) – *Nach dieser Ausgabe wird zitiert.*
– Le Malade imaginaire / Der eingebildete Kranke. Frz./Dt. Übers. von Doris Distelmaier-Haas. Stuttgart: Reclam, 1981 [u. ö.]. (Universal-Bibliothek. 7697.)
– Der eingebildete Kranke. Übers. von Doris Distelmaier-Haas. Stuttgart: Reclam, 1981 [u. ö.]. (Universal-Bibliothek. 1177.)

Sekundärliteratur zu Molières Leben und Werk

Axelrad, Catherine: Molière. Les armes de l'esprit. Rom 2005.
Baader, Renate (Hrsg.): Molière. Darmstadt 1980.
Blaikner-Hohenwart, Gabriele: Der deutsche Molière. Molière-Übersetzungen ins Deutsche. Frankfurt a. M. 2003.
Carmody, James: Rereading Molière. Ann Arbor 1993.
Coward, David: Introduction to Molière, The Misanthrope and Other Plays. London / New York 2000. S. xii–xxii.
Duchêne, Roger: Molière. Paris 1998.
Gebhardt, Armin: Molière. Das Genie der Komödie. Marburg 2006.
Grimm, Jürgen: Molière. Stuttgart 1984 (aktualisiert 2002).

Hartau, Friedrich: Molière. Mit Selbstzeugnissen und Bilddokumenten. Reinbek bei Hamburg [8]2000.
Hösle, Johannes: Molière. Sein Leben, sein Werk, seine Zeit. München [2]1992.
Keck, Thomas A.: Molière auf Deutsch. Hannover 1996.
McBride, Robert: The Sceptical Vision of Molière: A Study in Paradox. London 1977.
Scott, Virginia: Molière: A Theatrical Life. Cambridge 2002.
Stackelberg, Jürgen von: Molière. Eine Einführung. Stuttgart 2005. (Reclams Universal-Bibliothek. 17655.)
Stenzel, Hartmut: Molière und der Funktionswandel der Komödie im 17. Jahrhundert. München 1987.

Weitere Hilfsmittel

Bernier, Olivier: Ludwig IX. Eine Biografie. Düsseldorf 2003.
Best, Otto F.: Handbuch literarischer Fachbegriffe. Definitionen und Beispiele. Frankfurt a. M. 1980.
Burke, Peter: Ludwig XIV. Die Inszenierung des Sonnenkönigs. Aus dem Englischen von Mathias Fienbork. Frankfurt a. M. 1996.
Daiber, Hans: Deutsches Theater seit 1945. Stuttgart 1996.
Frenzel, Herbert A.: Geschichte des Theaters. Daten und Dokumente 1470–1840. München 1979.
Gaxotte, Pierre: Ludwig XIV. Frankreichs Aufstieg in Europa. Bergisch Gladbach 1978.
Heyden-Rynsch, Verena von der: Europäische Salons. Höhepunkte einer versunkenen weiblichen Kultur. Reinbek bei Hamburg 1995.

Horne, Alistair: La Belle France. A Short History. New York 2006.

Kathrein, Karin: rororo-Schauspielführer. Von Aischylos bis Botho Strauß. Reinbek bei Hamburg 1997.

Münch, Paul: Lebensformen in der frühen Neuzeit. 1500 bis 1800. Frankfurt a. M. / Berlin 1996.

Schöll, Konrad: Die französische Komödie. Wiesbaden 1983.

Schwesig, Bernd-Rüdiger: Ludwig XIV. Mit Selbstzeugnissen und Bilddokumenten. Reinbek bei Hamburg 2001.

Internetadresse

www.toutmoliere.net

Anmerkungen

1 Karin Kathrein, *rororo-Schauspielführer, Von Aischylos bis Botho Strauß*. Reinbek bei Hamburg 1997, S. 78.
2 Die Prologe, die Zwischenspiele und das Nachspiel bleiben in der hier zugrundegelegten Textausgabe unberücksichtigt.
3 Siehe Jürgen von Stackelberg, *Molière, Eine Einführung*, Stuttgart 2005, S. 146 ff.
4 Karin Kathrein (Anm. 1), S. 84.
5 »Schon in der Antike sind in der Komödie die Diener ihren Herren überlegen. Die häufigste Konstellation dürfte bereits damals gewesen sein, dass Diener kraft ihrer Gerissenheit ihren jungen Herren, dem Willen der Väter entgegen, zu ihrem Liebesglück verhelfen.« – Jürgen von Stackelberg (Anm. 3), S. 52.
6 »Commedia dell'arte: volkstümliche italienische Stegreifkomödie des 16. bis 18. Jhs.; da lediglich die Szenenfolge (Szenarium) festgelegt ist, bleibt Ausspielung von Dialog, Mimik und Witz der Improvisationsgabe des Darstellers überlassen; unveränderliche Haupttypen: Pantalone, Capitano, Arlecchino, Dottore, Colombina.« – Otto F. Best, *Handbuch literarischer Fachbegriffe, Definitionen und Beispiele*, Frankfurt a. M. 1980, S. 52.
7 Gegründet 1253 von Robert de Sorbon (1201–1274).
8 Monika Schlitzer, Nachwort zu *Le Malade imaginaire*, Stuttgart 1987, S. 125.
9 Jürgen von Stackelberg (Anm. 3), S. 42.
10 Die Antwort auf die Scherzfrage, wer die größten Freiheiten genieße, lautete in der frühen Neuzeit: »Henker und Arzt, weil sie fürs Töten nicht bestraft, sondern noch eigens entlohnt würden.« – Paul Münch, *Lebensformen in der frühen Neuzeit, 1500 bis 1800*, Frankfurt a. M. / Berlin 1996, S. 157.
11 Karin Kathrein (Anm. 1), S. 82 f.
12 David Coward, *Introduction to Molière, The Misanthrope and Other Plays*, London / New York 2000, S. xv f.
13 So wird von einem Vorfall aus dem Jahr 1666 berichtet, bei dem Soldaten, denen freier Zutritt zu einem der beliebten Stück Molières verweigert wurde, einen der Türsteher erstochen haben. – Vgl. Alistair Horne, *La Belle France, A Short History*, New York 2006, S. 160.

14 So aufgebracht das Bürgertum auch war, so war es doch nicht stark genug, Molière wirklich Steine in den Weg zu legen. Anders sah es mit dem Adel aus: »Nur der Adel war gesellschaftlich mächtig genug, um jemandem, der ihn angriff, gefährlich zu werden.« – Jürgen von Stackelberg (Anm. 3), S. 43.
15 Vgl. Herbert A. Frenzel, *Geschichte des Theaters, Daten und Dokumente 1470–1840*, München 1979, S. 87.
16 Johann Peter Eckermann, *Gespräche mit Goethe in den letzten Jahren seines Lebens*, hrsg. von Ernst Beutler, München 1974, S. 609.
17 Vgl. auch das ausführliche Kapitel »Deutsche Molière-Übersetzungen und -Bearbeitungen« bei Jürgen von Stackelberg (Anm. 3), S. 158–185.
18 Vgl. Herbert A. Frenzel (Anm. 15), S. 106.